BEI GRIN MACHT SICH IHR WISSEN BEZAHLT

AF130472

- Wir veröffentlichen Ihre Hausarbeit, Bachelor- und Masterarbeit

- Ihr eigenes eBook und Buch - weltweit in allen wichtigen Shops

- Verdienen Sie an jedem Verkauf

Jetzt bei www.GRIN.com hochladen und kostenlos publizieren

Märkte mit asymmetrischer Information

Das Modell "The Market for Lemons", seine Anwendungen und Lösungskonzepte für Informationsdefizite

Bibliografische Information der Deutschen Nationalbibliothek:

Die Deutsche Nationalbibliothek verzeichnet diese Publikation in der Deutschen Nationalbibliografie; detaillierte bibliografische Daten sind im Internet über http://dnb.d-nb.de abrufbar.

ISBN: 9783346869838
Dieses Buch ist auch als E-Book erhältlich.

© GRIN Publishing GmbH
Trappentreustraße 1
80339 München

Druck und Bindung: Books on Demand GmbH, Norderstedt Germany
Gedruckt auf säurefreiem Papier aus verantwortungsvollen Quellen

Das vorliegende Werk wurde sorgfältig erarbeitet. Dennoch übernehmen Autoren und Verlag für die Richtigkeit von Angaben, Hinweisen, Links und Ratschlägen sowie eventuelle Druckfehler keine Haftung.

Das Buch bei GRIN: https://www.grin.com/document/1355201

Seminararbeit

im W-Seminar „Spieltheorie"

Märkte mit asymmetrischer Information:

Das Modell „The Market for Lemons", seine Anwendungen und Lösungskonzepte für Informationsdefizite

Vorgelegt von: Leonhard Schmitt

Im Rahmen der gymnasialen Oberstufe zur Erlangung des bayerischen Abiturs

Abgabe am: 09. November 2020

Erzielte Punkte: 15/15, in Worten: Fünfzehn von fünfzehn

Inhalt

1. Einleitung 3

2. Der „Market for Lemons" 4

2.1 Einführung in das Modell 4

2.2 Symmetrische Information 4

2.3 Asymmetrische Information 5

2.4 Adverse Selection 7

2.5 Endsituation am Markt 9

3. Anwendungen des Modells außerhalb des Gebrauchtwagenmarktes 11

3.1 Der Arbeitsmarkt 11

3.2 Der Versicherungsmarkt 12

4. Lösungskonzepte für Informationsdefizite 13

4.1 Grundlegende Vorgehensweisen 13

4.2 Screening 14

4.3 Signaling 15

4.4 Folgen der Lösungskonzepte 19

5. Schluss 19

Literaturverzeichnis: 21

1. Einleitung

In den 70er Jahren des letzten Jahrhunderts wurde erkannt, dass freie Märkte nach klassischen ökonomischen Modellen nur dann funktionieren, wenn Informationen symmetrisch verteilt, also wenn sie für alle Beteiligten vollständig bekannt sind.

In der Realität ist dies aber oft nicht der Fall, weshalb die Analyse von Situationen mit ungleichmäßig verteilten, also asymmetrisch verteilten Informationen in den letzten Jahrzehnten immer wichtiger geworden ist. Nicht zuletzt wurde die Wichtigkeit und Relevanz des daraus entstandenen Fachgebiets der Informationsökonomik durch die Verleihung des Wirtschaftsnobelpreises im Jahr 2001 an die Wissenschaftler George A. Akerlof, Michael Spence und Joseph Stiglitz unterstrichen. Sie zeigten in ihren Arbeiten, dass Wirtschaftsmodelle, die auf symmetrischen Informationsverteilungen basieren, oft fehlgeleitet sind, weil in Wirklichkeit oft eine Partei einer Transaktion über bessere Informationen als die andere verfügt, ein Phänomen, das als "Informationsasymmetrie" bekannt ist. Zudem schilderten sie, welche weitreichenden Probleme deshalb auf Märkten entstehen. Darüber hinaus entwickelten sie ihrerseits Konzepte und Theorien, wie diese Probleme behoben werden können. Ihre Analysen von durch asymmetrische Informationsverteilungen gekennzeichneten Märkten stellen bis heute den Kern moderner Informationsökonomik dar.

Diese Arbeit befasst sich mit dieser Analyse von Märkten mit asymmetrischer Information und geht insbesondere den Fragen auf den Grund, welche marktbeeinflussende Bedeutung Informationen für ökonomische Märkte haben, welche Probleme in Bezug auf Informationen auftreten können, wo diese auftreten und wie man sie beheben kann.

Dabei widmet sich der erste Teil der Arbeit der Erklärung und Analyse des „Market for Lemons" (Akerlof, 1970), einem bedeutenden Modell zur Veranschaulichung von Informationsasymmetrien. Im zweiten Teil werden Anwendungen des Modells auf weitere Märkte mit asymmetrischer Information vorgestellt. Im abschließenden Teil der Arbeit wird erläutert, welche Lösungskonzepte sich für die auftretenden Informationsprobleme in den letzten Jahren etabliert haben, wie diese sich voneinander unterscheiden und welche Folgen daraus resultieren.

2. Der „Market for Lemons"

2.1 Einführung in das Modell

Der sog. „Market for Lemons" ist ein wirtschaftstheoretisches Modell des amerikanischen Wissenschaftlers und Professors George A. Akerlof, welches 1970 in einer Publikation mit dem Titel „The Market for Lemons: Quality Uncertainty and the Market Mechanism" (übersetzt: Der Markt für „Zitronen": Qualitätsunsicherheit und der Marktmechanismus) vorgestellt wurde. Während Akerlofs Erkenntnisse heutzutage fester Bestandteil eines jeden wirtschaftswissenschaftlichen Studiums sind, waren sie zur Entstehungszeit revolutionär.

Der Name des Modells stammt aus dem Sprachgebrauch des Gebrauchtwagenmarktes, den Akerlof zur Veranschaulichung seines Konzepts benutzte: Defekte Gebrauchtwagen werden in den USA als „lemons" (wörtl. „Zitronen") bezeichnet (vgl. Robinson, 2019). Dies entspricht im Deutschen in etwa dem Ausdruck „Montagsautos".

Die Ausgangssituation des Modells ist ein Markt, auf dem Waren verschiedener Qualitäten, in Akerlofs Modell Gebrauchtwagen, angeboten werden. Bei diesem Modell sind sowohl Verkäufer als auch Käufer stets private Personen, die sich entschließen, ihr Auto selbstständig am Markt anzubieten. Akerlofs „Market for Lemons" zeigt, wie wichtig das Vorhandensein von Informationen für das Funktionieren von ökonomischen Märkten ist, indem er die Folgen schildert, wenn Informationen ungleichmäßig auf die Marktteilnehmer verteilt sind.

2.2 Symmetrische Information

Zuerst schaue man sich an, wie die Situation am Gebrauchtwagenmarkt aussehen würde, wenn alle Beteiligten alle wichtigen Informationen kennen, die Informationen also gleichmäßig verteilt sind. Der Zustand, dass alle Teilnehmer gleich gut über alle für eine Handlung relevanten Parameter informiert sind, wird als symmetrische Information bezeichnet (vgl. Baumol/Blinder, 1979[6], S. 323). Für das Modell des Gebrauchtwagenmarktes würde das bedeuten, dass sowohl Verkäufer als auch Käufer immer die genaue Qualität der angebotenen Autos kennen. Wenn alle Marktteilnehmer die Qualität der Autos kennen, würden die Autos, theoretisch betrachtet, abhängig von ihrer Qualität auf unterschiedlichen Märkten gehandelt werden. Wenn es somit getrennte Märkte für niedrige und hohe Qualität gäbe, würde das für beide Parteien, für die Verkäufer und die Käufer, zu vorteilhaften Transaktionen führen (vgl. Nobelprize paper, 2001, S. 3). Innerhalb der jeweiligen Märkte würden also alle Fahrzeuge ihren Eigentümer wechseln. Wäre das der Fall, wäre der Nutzen für alle Beteiligten groß, der Markt wäre effizient, und es käme zu keinem der von den Nobelpreisträgern aufgezeigten Probleme (nach Akerlof, 1970, S. 492).

2.3 Asymmetrische Information

Die Annahme, dass alle Marktteilnehmer gleich gut informiert sind, ist jedoch nicht realistisch. Meistens ist es der Fall, dass die Beteiligten unterschiedlich gut informiert sind. Das Phänomen, dass zwei Handelsparteien über unterschiedlich gute Informationen vor oder zum Zeitpunkt des Kaufes verfügen, die Informationen also „asymmetrisch verteilt" sind, wird als *asymmetrische Information* bezeichnet (vgl. Akerlof, 1970, S. 489). Beim Modell des „Market for Lemons" kennen nur die Verkäufer die Qualität ihrer Autos, während die Käufer die genaue Qualität nicht erkennen können. Sie können also trotz durchschnittlicher technischer Kenntnisse nicht angemessen beurteilen, ob es sich bei dem vor ihnen stehenden Gebrauchtwagen um ein gutes Auto oder eine „lemon" handelt. Im Gegensatz dazu kennen aber die privaten Verkäufer die Qualität ihres Autos genauer (vgl. Akerlof, 1970, S. 489).

Man schaue sich nun an, wie es überhaupt dazu kommen konnte, dass Käufer und Verkäufer unterschiedlich informiert sind. Man nehme an, dass es nur vier Arten von Autos gebe. Gute und schlechte Neuwagen und gute und schlechte Gebrauchtwagen. Nun soll ein Neuwagen- und ein Gebrauchtwagenkauf miteinander verglichen werden. Bei einem Neuwagenkauf ist das Risiko, ein Montagsauto zu erhalten, ein rein statistisches Risiko, welches Käufern und Verkäufern aufgrund von statistischen Erhebungen (z.B. aus Erhebungen aus Produktionsstätten) gleichermaßen bekannt ist. Die Käufer kennen also die Wahrscheinlichkeit q, mit der der vor ihnen stehende Neuwagen makellos ist und die Wahrscheinlichkeit $(1-q)$, dass das Auto ein Montagsauto ist. Die Annahme ist dabei, dass q genau der Anteil der makellosen Autos an allen Produzierten ist und $(1-q)$ der Anteil der Montagsautos, was nochmal unterstreicht, dass die Wahrscheinlichkeiten q und $(1-q)$ sowohl den Käufern als auch den Neuwagenverkäufern zugänglich und bekannt sind, sie also gleich gut informiert sind (vgl. Akerlof, 1970, S. 489). Die Verkäufer hätten gar nicht die Möglichkeit, einen Informationsvorteil gegenüber den Käufern zu erlangen, weil sie nicht die Gelegenheit haben, mit dem Auto zu fahren und es damit auszutesten. Zusammenfassend ist ein Neuwagenkauf also eine Situation, in der die Informationen symmetrisch verteilt sind (vgl. Baumol/Blinder, 1979[6], S. 323).

Wer nun aber einen Neuwagen längere Zeit besitzt, bekommt über die Jahre eine genaue Vorstellung über die Qualität seines Autos und schätzt die Wahrscheinlichkeit neu ein, ob das eigene Auto ein Montagsauto ist. Diese zweite Wahrscheinlichkeitseinschätzung ist dabei genauer als die erste statistische Einschätzung beim Neuwagenkauf. Eine Asymmetrie der vorhandenen Informationen ist entstanden (vgl. Akerlof, 1970, S. 489).

Wenn der Besitzer nun sein Auto weiterverkauft, hat er einen großen Informationsvorsprung gegenüber dem potentiellen Käufer, denn er kennt die genauere Wahrscheinlichkeit, mit der sein Auto einen versteckten Produktionsfehler hat. Folglich verfügen die Käufer und der Verkäufer bei einem Gebrauchtwagenkauf nicht mehr über dieselben Informationen. Auch wenn es den Käufern gestattet wäre, Probefahrten zu unternehmen und alle Einzelteile der Autos genau zu untersuchen, würden sie dennoch schlussendlich weniger über die Autos wissen als die Verkäufer, weil diese die Autos jahrelang gefahren sind und deswegen alle eventuellen Mängel und versteckten Unfallschäden kennen.

Weil die Käufer über zu wenig Informationen verfügen, sind sie folglich unsicher. Mit der Unsicherheit in Bezug auf die Qualität des Autos lässt sich ein weiteres Phänomen erklären, nämlich, warum es so große Preisunterschiede zwischen Neuwagen und Autos, die nur ein paar Kilometer gefahren sind, gibt. Vereinfacht lässt sich das damit erklären, dass bei Neuwagen die Wahrscheinlichkeit ein gutes Auto zu bekommen deutlich höher ist, während man bei einem Gebrauchtwagen wie geschildert unsicher über dessen Qualität ist, weil theoretisch allein schon auf den ersten Kilometern nach dem Kauf des Neuwagens ein Schaden entstanden sein könnte (vgl. Akerlof, 1970, S. 489 & Baumol/Blinder, 1979[6], S. 323).

Asymmetrische Information allein ist nicht unbedingt negativ zu bewerten. Doch unter bestimmten Umständen kann eine asymmetrische Informationsverteilung für den Gesamtmarkt fatale Folgen haben, z.B. wenn sie zu *Adverse Selection* führt, einem Phänomen, welches im nächsten Kapitel untersucht wird.

2.4 Adverse Selection

Wenn die besser informierte Seite ihren Informationsvorteil ausnutzt, kann es zur *adverse selection* kommen, einem Phänomen, welches auch „negative Auslese" genannt wird (Holler/Illing, 2006[6], S. 46). Eine adverse Selektion tritt ganz konkret dann auf, „wenn die Handelsentscheidungen einer informierten Person von ihren privat gehaltenen Informationen in einer Weise abhängen, die uninformierte Marktteilnehmer nachteilig beeinflusst" (übers. aus Mas-Colell/Whinston/Green, 1995, S. 436). In Bezug auf den Gebrauchtwagenmarkt bedeutet das, dass die Entscheidung der informierten Verkäufer, ob und wie sie auf dem Markt handeln, negative Folgen für die uninformierten Käufer hat. Die Besitzer von schlechten Gebrauchtwagen könnten nämlich ausnutzen, dass nur sie die wahre Qualität ihrer Autos kennen. Sie könnten ihre Insiderinformationen für sich behalten und versuchen ihre schlechten Autos auf dem Markt für hohe Qualität zu handeln, um einen großen Profit zu erzielen. In der Praxis würden deshalb die unterschiedlichen Märkte zu einem einzigen Markt mit Gütern verschiedener Qualität verschmelzen (Nobelprize paper, 2001, S. 3). Ursprung der „negativen Auslese" ist gerade diese Tatsache und das Wissen der Käufer darüber, dass es sich wie geschildert um einen Markt mit Gütern verschiedener Qualitäten handelt. Das Phänomen der *adverse selection* beschreibt anschließend, wie infolge dessen nur die „negativen" Güter „ausgelesen" werden, die durchschnittliche Qualität aller angebotenen Güter sinkt und es schließlich zu einem Versagen des Marktes kommt.

Adverse Selektion beginnt z.B. schon dann, wenn Personen die Entscheidung fällen, dass sie grundsätzlich ihr Auto verkaufen wollen. Denn Leute werden sich tendenziell eher dazu entscheiden ihr Auto weiterzuverkaufen, wenn es nicht sehr qualitativ hochwertig ist (nach Mas-Colell/Whinston/Green, 1995, S. 436). Da die Käufer diese Tatsache kennen, werden sie beim Gebrauchtwagenkauf gegenüber den Verkäufern misstrauisch sein. Sogar noch misstrauischer, als sie es sowieso schon sind, da sie wissen, dass zwischen ihnen und den Verkäufern eine Informationsasymmetrie herrscht und die Verkäufer deshalb ihnen gegenüber einen Informationsvorsprung haben. Deshalb werden sie ihre Zahlungsbereitschaft an diese Unsicherheit und das Misstrauen anpassen, werden von einem versteckten Mangel ausgehen und deshalb einen Preisabschlag fordern. Sobald sich die Preisabschläge aber am Markt etabliert haben, wird die Wahrscheinlichkeit, dass Besitzer von guten Gebrauchtwagen diese überhaupt verkaufen wollen, noch geringer (nach Wheelan, 2012, S. 152). Warum dem so ist, sollen die folgenden zwei Zahlenbeispiele erläutern.

Man nehme vereinfacht an, es gäbe Gebrauchtwagen in nur zwei verschiedenen Qualitätsklassen, nämlich in sehr guter und sehr schlechter Qualität. Die eine Hälfte der Verkäufer will qualitativ hochwertige Autos im Wert von 15.000€, die andere Hälfte Montagsautos im Wert von 5.000 € verkaufen. Die Käufer können die Autos der unterschiedlichen Preiskategorien nicht auseinanderhalten, kennen aber, so sei hier die vereinfachende Annahme, den Anteil der Montagsautos unter allen Fahrzeugen und deshalb die Wahrscheinlichkeit von 50%, dass das vor ihnen stehende Auto eine „lemon" ist. Da es sich um einen Markt für Güter verschiedener Qualität handelt und die Käufer die Qualitätsunterschiede zwischen den Autos nicht erkennen können, müssten theoretisch alle Autos zum selben Preis verkauft werden (nach Akerlof, 1970, S. 489). Dieser Preis würde dem Reservationspreis entsprechen, also dem Preis, den die Käufer höchstens zu zahlen bereit sind, und würde sich am Erwartungswert eines durchschnittlichen Gebrauchtwagens am Markt orientieren. Belaufen würde sich der Erwartungswert auf 1/2 * (5.000€ + 15.000€) = 10.000€. Dies ist der Durchschnittswert der Gebrauchtwagen am Markt und gleichzeitig der Reservationspreis der Käufer. Für ein Auto, dessen wahren Wert sie nicht bestimmen können, werden sie demnach höchstens 10.000€ zu zahlen bereit sein. Zu diesem Preis wird aber kein Handel mit einem hochwertigen Gebrauchtwagen zustande kommen, da deren Wert von 15.000€ über dem gebotenen Durchschnittswert liegt. Die Verkäufer von hochwertigen Gebrauchtwagen behalten diese lieber für sich, als sie unter ihrem Wert zu verkaufen und werden folglich den Markt verlassen. Letztendlich werden auf dem Markt nur noch schlechte Autos gehandelt werden und für hochwertige Gebrauchtwagen wird überhaupt kein Kauf mehr zustande kommen. Die Möglichkeit, ein Auto mit guter Qualität zu kaufen, besteht jetzt für die Käufer nicht mehr. Man sagt, dass die qualitativ hochwertigen Autos von den schlechten Autos vom Markt verdrängt wurden (vgl. Akerlof, 1970, S. 489).

Ein zweites Zahlenbeispiel soll nun den Effekt der Negativauslese weiter verdeutlichen, denn tatsächlich ist der Prozess der Verdrängung von guter Qualität kleinschrittiger als im obigen Beispiel geschildert. Dort sah man, dass die guten Autos von den „lemons" vom Markt verdrängt werden. In Fällen jedoch, wo Güter in beliebig vielen Qualitäten vorkommen, kann es sogar zu noch stärkeren Effekten kommen. So könnte es passieren, dass die guten Autos von den Mittelguten und die Mittelguten von den Schlechten und diese wiederum von den Allerschlechtesten vom Markt verdrängt werden, bis schließlich überhaupt kein Markt mehr existieren kann (nach Akerlof, 1970, S. 490).

Um diesen Fall zu beschreiben nehme man an, die Qualität der Gebrauchtwagen könne jeden Wert zwischen 0 und 1 annehmen. Der Wert 0 bedeutet, dass die Autos extrem minderwertig sind, während der Wert von 1 für einen Gebrauchtwagen in sehr gutem Zustand steht. Wir nehmen darüber hinaus weiterhin an, dass nur die Verkäufer die Qualität der Autos kennen. Außerdem nehmen wir an, dass die Käufer wissen, dass sich die Qualität der Autos gleichmäßig auf das Intervall von 0 bis 1 verteilt, die Käufer kennen also die Verteilung und damit die Erwartung der Qualität. Bei einem beliebigen Auto auf dem Markt werden sie nur eine Qualität von 0,5 erwarten und dementsprechend in dieser Höhe bieten. Zu einem Preis, der dem Wert eines Autos mit der Qualität 0,5 entspricht, sind die Verkäufer von Autos im Wert von über 0,5 aber nicht bereit ihren Wagen zu verkaufen und verlassen den Markt. Übrig bleiben alle Autos in der Qualität von 0 bis 0,5. Wenn die Käufer dies mitbekommen, werden sie die neue Durchschnittsqualität aller Gebrauchtwagen auf 0,25 (der Durchschnittswert der Qualitätsverteilung zwischen 0 und 0,5) beziffern und dementsprechend einen niedrigeren Preis bieten. Jetzt werden auch Autos in der Qualität zwischen 0,25 und 0,5 nicht mehr verkauft und verlassen den Markt, da diese wertvoller als der von den Käufern akzeptierte Preis sind. Die Preissenkungen werden immer weiter auch zu einem Sinken der Gesamtqualität der angebotenen Güter führen, denn wenn der gebotene Preis sinkt, sinkt auch die Qualität der angebotenen Ware (vgl. Akerlof, 1970, S.490 & 493). Irgendwann ist die Qualität der angebotenen Autos so niedrig, da aufgrund der adversen Selektion nur die negativen Güter, die Montagsautos, „ausgelesen" wurden, so dass überhaupt keine Autos mehr nachgefragt werden. Über den gesamten Prozess der adversen Selektion konnte man beobachten, dass in Folge der Preis- und Qualitätssenkungen immer weniger und schließlich gar keine Autos mehr gehandelt wurden (vgl. Riley, 2001, S. 433f.).

2.5 Endsituation am Markt

Die Endsituation wäre ein Zusammenbruch des Gebrauchtwagenmarktes, da überhaupt keine Autos mehr gehandelt werden (vgl. Akerlof, 1970, S. 490). Ursprung dieses Marktzusammenbruchs war die asymmetrische Verteilung der Informationen, was unterstreicht, wie wichtige das Vorhandensein von Informationen für das Gelingen von Märkten ist.

Das vorliegende Marktergebnis kann als unzufriedenstellend und ineffizient bezeichnet werden, weil die Käufer keine Autos kaufen und die Verkäufer ihre Autos nicht verkaufen können, obwohl es für alle Qualitätsklassen potentiell interessierte Käufer gibt. Besonders die Verkäufer von hochwertigen Gebrauchtwagen sind vom Versagen der Marktmechanismen und von der Abwärtsspirale des Preises betroffen, weil sie den Preissenkungen wenig entgegensetzen können und als Erste vom Markt verdrängt werden. So mag es potentielle Käufer für sehr gute Autos geben, die auch für diese mehr zu zahlen bereit sind. Doch die Existenz von Leuten, die die Informationsasymmetrie ausnutzen, um ihre schlechte Ware auf dem Markt für gute Produkte zu verkaufen, führt wie bereits geschildert zur adversen Selektion, zur Verdrängung von Verkäufern guter Qualität und macht es so für die Käufer unmöglich einen hochwertigen Gebrauchtwagen zu erwerben (vgl. Akerlof, 1970, S. 495). Da das Endergebnis am Gebrauchtwagenmarkt so unzufriedenstellend ist, besteht ein großer Anreiz für alle Beteiligten, das Problem zu lösen. Den größten Anreiz, dass eine Lösung gefunden wird, haben die Anbieter von den hochwertigsten Gebrauchtwagen (vgl. Holler/Illing, 2006[6], S. 178). Doch auch die übrigen Autoverkäufer streben eine Verbesserung an, da sie beim von Akerlof geschilderten totalen Marktzusammenbruch auch ihre Autos nicht verkaufen können. Zudem haben auch die Käufer ein Interesse an einer Lösung, da sie bei einem Marktzusammenbruch keine Autos kaufen können, obwohl sie das eigentlich erstreben. Wie genau eine Lösung aussehen kann, wird im übernächsten Kapitel erläutert, während im nächsten Kapitel die beiden bedeutendsten und weitreichendsten Anwendungen des „Market for Lemons" auf weitere Märkte mit asymmetrischer Information betrachtet werden.

3. Anwendungen des Modells außerhalb des Gebrauchtwagenmarktes

3.1 Der Arbeitsmarkt

Große Informationsasymmetrien sind auch auf Arbeitsmärkten zu finden, weil Arbeitgeber typischerweise weniger über die Talente und Eigenschaften der Bewerber als diese selbst wissen und sich deshalb zum Zeitpunkt der Einstellung neuer Arbeitnehmer nicht sicher sind, wie produktiv diese später tatsächlich sein werden. Ebenso wenig wird den Arbeitgebern diese Information notwendigerweise direkt nach dem Einstellen zugänglich werden, da jeder Bewerber erst eingearbeitet werden muss und während dieser Einarbeitungszeit die Produktivität für den Arbeitgeber noch nicht vollständig ersichtlich ist. Die Tatsache, dass der Arbeitgeber Zeit zur Einschätzung der produktiven Fähigkeiten eines Arbeiters braucht, bedeutet, dass Einstellungen auf dem Arbeitsmarkt eine Investitionsentscheidung mit unsicheren Parametern sind (vgl. Spence, 1973, S. 356).

Was beim „Market for Lemons" die Unsicherheit bezüglich der Qualität der Ware Auto ist, ist beim Arbeitsmarkt die Unsicherheit der Arbeitgeber bezüglich der Produktivität der Bewerber. Diese von der anfänglichen Informationsasymmetrie stammende Unsicherheit führt, analog zu den Käufern beim Gebrauchtwagenmarkt dazu, dass die Arbeitgeber ihr Einstellungsverhalten ändern werden. Wenn sie nicht über genügend Informationen über die Bewerber verfügen, wären Arbeitgeber nämlich nur zum Zahlen eines Lohns bereit, der der erwarteten Durchschnittsproduktivität aller Bewerber entspricht (nach Holler/Illing, 2006[6], S. 178). Das würde wiederum dazu führen, dass die überdurchschnittlich guten Bewerber das Jobangebot nicht annehmen würden und den Jobmarkt verlassen und nur die unterdurchschnittlich Produktiven ein Interesse an der Stelle haben. Außerdem könnte es passieren, dass sich die Arbeitnehmer nur noch um eine geringe, unterdurchschnittliche Ausbildung bemühen würden, in der Hoffnung trotzdem einen Durchschnittslohn zu erhalten. Wenn Arbeitgeber jedoch das Sinken im Bildungsniveau der Bewerber bemerken, errechnen sie sich darauf basierend die neue durchschnittliche Produktivität der Bewerber und sind folglich nur noch zum Zahlen eines noch niedrigeren Lohns bereit. Das Ergebnis wäre folglich ein Arbeitsmarkt, auf dem niedrig qualifizierte Arbeiter zu Billiglöhnen beschäftigt würden (vgl. Nobelprize paper, 2001, S. 5).

3.2 Der Versicherungsmarkt

Die Informationsasymmetrie auf dem Versicherungsmarkt zeigt sich daran, dass Versicherungsnehmer ihre Gesundheit und ihren Lebensstil deutlich besser einschätzen können als die Versicherungsgesellschaften. Man kann davon ausgehen, dass Versicherer somit gegenüber den Kunden ein Informationsdefizit bezüglich der Eintrittswahrscheinlichkeiten von Versicherungsfällen haben (nach Rothschild/Stiglitz, 1976, S.632). Es kann also passieren, dass eine Versicherungsgesellschaft mit einem extremen Verlust konfrontiert wird, und zwar aufgrund eines Risikos, das zum Zeitpunkt des Verkaufs einer Police nicht bekannt war. Diese Informationsasymmetrie kann jedoch nur dann zur *Adverse Selection* und dementsprechend zu den beschriebenen negativen Folgen führen, wenn die Personen in der Versicherungsgruppe über den Kauf oder die Kündigung einer Versicherung frei entscheiden können (vgl. Denenberg, Risk and Insurance, 1964, S. 446, zitiert nach Akerlof, 1970, S. 493).

Können sie das nicht, weil etwa wie in Deutschland eine allgemeine Versicherungspflicht für die meisten Versicherungsarten besteht, treten die in Kürze beschriebenen Probleme nicht auf. Auch durch freiwillige, aber groß angelegte Versicherungen, wie beispielsweise das amerikanische Medicare, welches für Millionen von Menschen über 65 eine Krankenversicherung anbietet, können deshalb allgemein negative Folgen in Bezug auf Versicherungen gemildert werden (vgl. Akerlof, 1970, S. 494). Wo es jedoch keine staatlich unterstützten oder verpflichtenden Versicherungsprogramme gibt, treten Probleme auf, die sich anhand des „Market for Lemons" erklären lassen.

Wenn sich in solch einer Situation beispielsweise Leute über 65 versichern möchten, sehen sie sich mit großen Schwierigkeiten konfrontiert. Der Grund dafür ist, dass die Versicherungsprämien für ältere Leute im Vergleich zu jüngeren Leuten über die Zeit ansteigen müssen, um dem erhöhten Krankheitsrisiko gerecht zu werden. Wenn die Prämien aber steigen, werden die Leute, die sich versichern wollen, nur diejenigen sein, welche sich sicher sind, dass sie in Zukunft dringend eine Versicherung benötigen da sie ein überdurchschnittliches Krankheitsrisiko aufweisen. Es wird sich schlussendlich zeigen, dass sich der durchschnittliche gesundheitliche Zustand der Versicherungsanwärter bei steigenden Prämien verschlechtert (nach Akerlof, 1970, S. 492). Das Ergebnis wäre, dass schließlich zu keinem Preis eine Versicherung angeboten würde (nach Akerlof, 1970, S. 492f.).

Das folgende Beispiel verdeutlicht dieses Phänomen:

Nehmen wir an, eine Versicherungsgesellschaft möchte eine große Gruppe von Menschen unterschiedlicher Lebensweise und Gesundheit versichern. Wenn nun die Versicherungsgesellschaft aufgrund von fehlenden Informationen allen Personen der Gruppe die gleiche Prämie basierend auf der durchschnittlichen Gesundheit der Gruppe berechnet, kommt es zur *Adverse Selection*, also zur negativen Auslese. Dies erfolgt aus dem Grund, weil die angebotene Versicherungspolice für die am ungesündesten lebenden Menschen am attraktivsten und für die gesündesten Leute am unattraktivsten ist und deshalb nur die ungesündesten Personen beschließen werden, sich zu diesen Konditionen zu versichern. Das Ausscheiden der gesündesten Personen aus dem Bewerberfeld führt jedoch zu einem Sinken der Durchschnittsgesundheit der zu versichernden Personengruppe, weshalb die Versicherungsgesellschaft die Prämie für alle Versicherten erhöhen wird. Durch diese Preiserhöhung sehen sich wiederum die Gesündesten der noch bestehenden Versicherungsgruppe gezwungen sich zurückzuziehen und werden ihre Versicherung kündigen. Dieser Vorgang würde sich so oft wiederholen, bis schließlich nur noch die ungesündesten und damit die für die Versicherung risikoreichsten Personen, vergleichbar mit den Montagsautos, auf dem Versicherungsmarkt übrigbleiben und letztendlich gar keine Versicherungen mehr verkauft werden (vgl. Akerlof, 1970, S.492f.).

Dieser Marktzusammenbruch stellt ein großes Problem dar, weil keine Versicherungsverträge mehr zustande kommen und vor allem diejenigen Leute, welche eine Versicherung aufgrund ihres erhöhten Krankheitsrisikos am meisten bräuchten, keinen Versicherungsschutz erhalten können (vgl. Akerlof, 1970, S.494).

4. Lösungskonzepte für Informationsdefizite

4.1 Grundlegende Vorgehensweisen

Die Tatsache, dass heute Gebrauchtwagen-, Arbeits-, und Versicherungsmarkt in der Praxis nicht zusammenbrechen, liegt daran, dass sich mit der Zeit Instrumente und Lösungskonzepte etabliert haben, die dem entgegenwirken. Mit der Frage, wie diese Lösungskonzepte aussehen, beschäftigten sich neben George Akerlof auch zahlreiche weitere Wissenschaftler, darunter vor allem Michael Spence und Joseph Stiglitz, mit denen sich Akerlof 2001 den Wirtschaftsnobelpreis (offiziell „Alfred-Nobel-Gedächtnispreis für

Wirtschaftswissenschaften") teilte. Das Vorgehen zur Lösungsfindung, an der alle Beteiligten des Marktes wie geschildert ein Interesse haben, besteht darin, die vorherrschenden Informationsasymmetrien, welche Ausgangspunkt der Probleme waren, zu beheben. Die beiden wichtigsten Lösungskonzepte hierfür werden *screening* und *signaling* genannt. Sie unterscheiden sich dadurch, welche Partei oder Marktseite als Erstes handelt und sollen im Folgenden erklärt werden.

4.2 Screening

Beim *screening* (übers.: prüfen, rastern) geht es darum, dass die weniger informierte Seite in Aktion tritt um die Informationsdefizite zu beheben, indem sie versucht an für sie zum Zeitpunkt nicht verfügbare Informationen heranzukommen. Die häufigste Form des *screening*, die hier betrachtet werden soll, ist das *screening* mithilfe eines sogenannten *self-selection mechanism* (=Selbstauswahlmechanismus) (Rothschild/Stiglitz, 1976, S. 632).

Bei dieser Screeningart versucht die uninformierte Seite ihr Informationsdefizit auszugleichen, indem sie der anderen Partei mehrere Optionen anbietet, aus denen dann die informierte Seite eine Option auswählt (nach Holler/Illing, 2006[6], S.183). Versicherungsgesellschaften bieten beispielsweise potenziellen Kunden unterschiedliche Versicherungsverträge mit jeweils unterschiedlichen Selbstbeteiligungen an. Durch die Auswahl zwischen alternativen Angeboten ist der Versicherungsnehmer gezwungen, sich selbst zu kategorisieren (vgl. Rothschild/Stiglitz, 1976, S. 632). Auf diese Weise wird es den Versicherungsgesellschaften möglich, nur durch das bloße Anbieten von verschiedenen Verträgen Informationen über die Unfallwahrscheinlichkeiten der Personen zu erhalten (vgl. Rothschild/Stiglitz, 1976, S. 643).

Allgemein kann es bei diesem *screening*-Modell nur zwei Gleichgewichte, also Situationen, in denen für alle Marktteilnehmer kein Anlass besteht, ihr Verhalten zu ändern, geben. Beim sog. „Pooling-Gleichgewicht" (eng. „to pool"= vereinigen, bündeln) wählen alle Versicherungsnehmer den gleichen Vertrag, während beim sog. Separating-Gleichgewicht (=Trenngleichgewicht) die verschiedenen Leute unterschiedliche Verträge wählen (vgl. Rothschild/Stiglitz, 1976, S. 634). Die genaue Analyse, ob, und wenn ja, wie die Gleichgewichte tatsächlich Bestand haben, würde den Rahmen dieser Arbeit sprengen. Erwähnt sei nur, dass Rothschild und Stiglitz davon ausgehen, dass es kein formal definiertes Gleichgewicht für einen Versicherungsmarkt unter Wettbewerbsbedingungen geben kann (vgl. Rothschild/Stiglitz, 1976, S. 637), während es mittlerweile zahlreiche

Theorien mit neuen Gleichgewichtsdefinitionen, basierend auf sog. „intuitiven Kriterien" gibt (siehe Holler/Illing, 2006[6], S. 184f.). An dieser Stelle ist lediglich wichtig, dass die Versicherungsnehmer für den betrachteten Fall unterschiedliche Verträge auswählen und sich jeweils für genau einen Vertrag entscheiden. Personen, welche ihr Risiko, bald eine teure medizinische Behandlung zu benötigen, selbst als sehr hoch einschätzen, werden zu einer Police mit hohen Beiträgen bei gleichzeitiger geringer Selbstbeteiligung im Krankheitsfall greifen, wohingegen gesunde Personen geringere Beiträge und hohe Selbstbeteiligungen bevorzugen werden (vgl. Rothschild/Stiglitz, 1976, S. 641).

Der Marktzusammenbruch konnte also effektiv verhindert werden, da die Versicherungsgesellschaften durch das Anbieten von verschiedenen Verträgen die Versicherungsnehmer dazu bringen, ihren Gesundheitszustand preiszugeben, da sie sich für einen Vertrag entscheiden müssen. So konnte die Informationsasymmetrie abgebaut werden und schließlich erhalten alle Personen eine Versicherung.

Während das *sreening* wie geschildert auf dem Versicherungsmarkt große Anwendung hat, ist auf dem Arbeitsmarkt eher die zweite Art an Lösungskonzepten, das sog. *signaling* verbreitet. Da das *signaling* im Vergleich zum *screening* vielschichtiger ist, wird es im Folgenden ausführlicher erklärt werden.

4.3 Signaling

Der Begriff des *signaling (übers.: signalisieren, übermitteln, melden)* wurde von Michael Spence 1973 definiert. Anders als beim *screening* ergreift beim *signaling* die informierte Marktseite als Erstes die Initiative um die Informationsasymmetrie zu lösen, indem sie ein sogenanntes „Signal" an die andere, schlechter informierte Seite aussendet (vgl. Holler/Illing, S.181). Ziel dieses Signals ist es, der anderen Marktseite Aufschlüsse über die tatsächliche Qualität eines Guts zu geben (Holler/Illing, S. 178). Wenn die Nachfrager die Qualität nicht beurteilen können, besteht besonders für Anbieter hoher Qualität ein starker Anreiz in Signale zu investieren, um sich von den Anbietern niedriger Qualität abzusetzen und so einen besseren Preis erzielen zu können (vgl. Holler/Illing, S. 178).

Mündliche Erklärungen und Kommunikationsmaßnahmen allein sind dabei als Signal nicht ausreichend, denn „Worte sind billig": Sie werden oft in strategischer Absicht gegeben und sind aus diesem Grund kein passendes Mittel, wenn sich Anbieter guter Qualität von anderen abheben wollen (vgl. Spence, 1976, S. 593).

Deshalb muss ein funktionierendes Signal für die Marktteilnehmer wirklich glaubwürdig sein. Spence unterscheidet dabei zwischen „contingent contracts" (bedingten Verträgen) und „exogenously costly signals" (exogen teuren Signalen). Der Begriff „bedingte Verträge" bedeutet, dass der Vertrag, der zwischen uninformiertem Käufer und informiertem Verkäufer geschlossen wird, an eine bestimmte Bedingung geknüpft wird. Diese Bedingung ist beispielsweise, dass das Produkt auch tatsächlich die angepriesene Qualität besitzt. „Bedingte Verträge" sind deshalb ein glaubwürdiges Signal, da der Verkäufer damit eine für ihn teure Selbstbindung eingeht, für den Fall, dass sein Produkt qualitativ minderwertig ist (vgl. Spence, 1976, S. 593f.).

In Bezug auf den „Market for Lemons" können Garantien, als ein solches glaubwürdiges Signal der Art „contingent contracts" fungieren. Eine Garantie ist, im Gegensatz zur gesetzlich geregelten Gewährleistung, eine freiwillige Leistung des Herstellers oder Händlers (Pöhler/Düsterhöft, 2019). Diese Garantien dienen dazu, die Käufer über die zu erwartende Qualität der Gebrauchtwagen zu versichern (Akerlof, 1970, S. 499). Denn durch das Gewähren einer Garantie zeigt der Verkäufer den Kunden glaubhaft, dass seine Autos so gut sind, dass er nicht davon ausgeht, dass die Garantie in Anspruch genommen werden wird. Für einen Verkäufer von niedriger Qualität wäre es schlichtweg zu teuer, eine solche Selbstbindung in Form einer Garantie einzugehen.

Im Folgenden wird es um die noch weiter verbreitete andere Art von Signalen gehen, welche den Namen „exogen teure Signale" tragen (vgl. Spence, 1976, S. 595f.). Sie zeichnen sich dadurch aus, dass sie sich für diejenigen Personen, die wahrheitsgemäß informieren, mehr lohnen als für diejenigen, die das nicht tun (vgl. weitere Details dazu weiter unten bei der Definition der *Single-Crossing-Bedingung*).

Während *signaling* auf dem Versicherungsmarkt nur selten vorkommen, ist der Arbeitsmarkt geradezu ein Paradebeispiel für die Bedeutung von Signalen, weshalb sich auch das bekannteste Signaling-Modell von Michael Spence auf den Arbeitsmarkt bezieht. Spence unterscheidet in seinem Modell zwischen Indizes und Signalen. Von Indizes wird gesprochen, wenn unveränderliche Attribute gemeint sind. Da sie unveränderlich sind, spielen sie für dieses Modell eine untergeordnete Rolle. Als Signale werden dagegen beobachtbare Merkmale bezeichnet, die der „jeweiligen Person anhaften und von ihr verändert werden können" (nach Spence, 1973, S. 357).

Bildung ist veränderbar und dient auf dem Arbeitsmarkt daher als Signal, um Arbeitgebern die eigene, auf den ersten Blick nicht beobachtbare Produktivität zu offenbaren (nach Mas-Colell/Whinston/Green, 1995, S. 451). Wenn Bewerber die Möglichkeit haben, ihre Produktivität glaubhaft zu offenbaren, werden sie auch einen höheren Lohn erhalten. Dadurch besteht auch für alle Personen am Arbeitsmarkt ein Anreiz weiterhin in Bildung zu investieren. Durch die Möglichkeit, Produktivität und Kompetenz zu signalisieren, kann so die schlechte Situation am Arbeitsmarkt bei asymmetrischer Information verhindert werden.

Da Signale glaubwürdig und nachweisbar sein müssen, haben Abschlussdiplome die größte Signalwirkung. Beispiele dafür sind das Abitur, eine Meisterprüfung für einen Lehrling, das Hochschuldiplom oder ein Doktortitel. Interessant ist hier, dass die Löhne durch Bildung laut der Signalingtheorie fast ausschließlich aufgrund der Signalwirkung und nicht aufgrund der durch das Studium verbesserten Produktivität ansteigen (vgl. Gibbons, 1992, S. 191). Ohne die Signalingtheorie müsste man davon ausgehen, dass die Löhne linear mit den Jahren an Schul- oder Universitätsbildung steigen würden. Man würde also intuitiv davon ausgehen, dass z.b. jemand, der nach der Hälfte einer Lehrlingsausbildung aufhört und einen Job sucht, auch ein halb so hohes Einstiegsgehalt wie ein Lehrling mit Meisterprüfung erwarten kann, da er ja ungefähr die Hälfte gelernt hat. Jedoch schnellen die angebotenen Löhne in der Realität erst mit Erhalt des Abschlusses nach oben, was sich damit erklären lässt, dass ein Abschluss eine starke Signalwirkung hat. Was für den Lehrling gilt, zählt auch für einen Studenten, denn anhand von *signaling* lässt sich erklären, warum Personen, die ihr Studium mit einem Abschluss beenden, ein höheres Einkommen erzielen als Personen, die das gleiche Studium fast gleichlang gemacht haben, jedoch kurz vor dem Abschluss aufgehört haben. Der Student, der sich vor der Abschlussprüfung drückt, hat kein Signal, das er an Arbeitgeber aussenden könnte, während der Andere mit seinem Abschlussdiplom glaubhaft zukünftige Arbeitgeber über die eigenen Fähigkeiten und Kompetenzen versichern kann.

Hier haben, analog zu den Verkäufern von guten Gebrauchtwagen, die produktivsten Leute den stärksten Anreiz, sich von den Menschen mit durchschnittlicher Produktivität abzusetzen und so mehr Lohn zu erhalten. Da aber auch Anbieter von Produkten mit niedriger Qualität einen Anreiz haben, diese Signale nachzuahmen und so hohe Qualität vorzutäuschen, ergibt sich ein Problem sogenannter strategischer Informationsübermittlung, welches mit dem *Signaling-Modell* von Spence (1973) theoretisiert werden kann (vgl. Holler/Illing, 2006[6], S. 178). Da eine detailgetreue Schilderung des Modells den Rahmen dieser Arbeit sprengen würde, werden sich die folgenden Erläuterungen auf die wesentlichsten Erkenntnisse des Modells beschränken.

Bei seiner Analyse des *Signaling-Modells* stellte Spence fest, dass es eine wichtige Bedingung für das Funktionieren von Signalen gibt, welche auch *Single-Crossing-Bedingung* genannt wird (vgl. Holler/Illing, S.179). Diese besagt, dass es notwendig ist, dass die Kosten der Signalgebung negativ mit der Qualität *korreliert*, also negativ verbunden, sein müssen (vgl. Spence, 1973, S. 358). Das bedeutet, dass es für Anbieter guter Qualität bzw. produktive Arbeiter „billiger" sein muss, ein bisschen mehr in das Signal zu investieren als für Anbieter niedriger Qualität bzw. Arbeiter niedriger Produktivität. Wäre das nicht der Fall, könnten die anderen Anbieter das Signal immer ohne Probleme nachahmen (vgl. Holler/Illing, S.179). Auf den Gebrauchtwagenmarkt angewendet sieht man das daran, dass es für Verkäufer guter Autos mit weniger langfristigen Kosten verbunden ist, eine Garantie anzubieten als für Anbieter schlechter Autos. Bezogen auf den Arbeitsmarkt heißt es: Nur wenn das Erreichen eines sehr guten Abschlusses für „unproduktive" Leute mit mehr Anstrengung und Zeit verbunden ist als für „produktive" Leute, hat ein Abschluss als Signal Bestand. Wenn dem nicht so wäre, wenn also das Erreichen eines Abschlusses „zu einfach" wäre, wäre es allen Leuten möglich diesen Abschluss zu erreichen und man könnte die einzelnen Personen wieder nicht voneinander unterscheiden. Trotz der *Single-Crossing-Bedingung* haben jedoch unproduktive Personen oder Anbieter niedriger Qualität, obwohl die Signale für sie „teurer" sind, weiterhin einen Anreiz in hohe Signalkosten zu investieren, solange der dadurch entstehende Ertrag die Kosten übersteigt (vgl. Holler/Illing, 2006[6], S.180).

Indem nun die Grundlagen des *Signalings* erklärt wurden, lassen sich mehrere Beispiele und Transfers nennen: Beispiele für weitere Signale sind Siegel bzw. Zertifikate. Ein Siegel kann dabei z.B. ein Bio- oder Fairtrade- Siegel oder eine Prüfplakette sein. Auf dem „Market for Lemons" kann z.B. der Verkäufer dem Käufer anbieten, das Auto – auf seine Kosten – von einem Mechaniker vorab untersuchen zu lassen (vgl. Mas-Colell/Whinston/Green, 1995, S. 437). Ein weiteres Beispiel für ein glaubwürdiges, da staatlich geprüftes Signal sind TÜV-Untersuchungen, mithilfe derer man die Qualität der Autos signalisieren kann.

Zusammenfassend lässt sich sagen, dass *signaling* in all den betrachteten Facetten und Beispielen eine sehr gute und weit verbreitete Möglichkeit zur Behebung von Informationsdefiziten ist. Nichtsdestotrotz hat aber von den beiden Lösungskonzepten vor allem das *signaling* auch Nachteile, welche im nächsten Kapitel erläutert werden.

4.4 Folgen der Lösungskonzepte

Während *screening* durch das bloße Anbieten von unterschiedlichen Verträgen vergleichsweise kostengünstig ist, hat das *signaling* für alle Beteiligen hohe Kosten zur Folge, welche „*signaling costs*" genannt werden (vgl. Spence, 1973, S. 358). Das liegt daran, dass sobald ein Marktteilnehmer anfängt Signale auszusenden, alle Personen am Markt sich genötigt sehen, selbst auch Signale auszusenden bzw. viel zu unternehmen, um sich von den anderen abzuheben. So kommt es, dass schlussendlich alle Marktteilnehmer hohe Investitionen tätigen, um die geschilderten Signale, wie z.B. Universitätsabschlüsse, aussenden zu können. Bei alledem sollte deshalb darauf geachtet werden, dass die Kosten des Lösungsansatzes nicht den Nutzen der Effizienzsteigerung übersteigen, da sonst die dadurch entstehenden Kosten die Wohlfahrt bzw. den Gesamtnutzen für die Beteiligten reduzieren können (vgl. Mas-Colell/Whinston/Green, 1995, S. 451).

5. Schluss

Trotz der hohen Kosten bewährte sich das *signaling* neben dem *screening* in den letzten Jahrzehnten als wirkungsvolles Lösungskonzept für Informationsdefizite. Deren Ziel, zuverlässige Informationen zu übermitteln und zu offenbaren, war und ist eine wichtige Aufgabe. Denn „zuverlässige Informationen sind unbedingt nötig für das Gelingen eines Unternehmens", wie schon Christoph Kolumbus feststellte (zitiert nach Möller, 2020). Wo solche zuverlässigen Informationen fehlen oder ungleich verteilt sind, seien es z.B. die Informationen über die Qualität von Gebrauchtwagen, die Produktivität von Bewerbern oder die Gesundheit von Versicherungsnehmern, kann es zur Verdrängung von guter Qualität und schließlich zu einem Markzusammenbruch kommen. Um eben dem entgegenzuwirken, etablierten sich die besagten Lösungskonzepte, welche zusammen mit den vor 50 Jahren erschienenen bahnbrechenden Publikationen auch in Zukunft nicht an Aktualität verlieren werden. Insbesondere durch die Digitalisierung, bei der noch mehr Daten (Big Data) und Informationen mit Hilfe von künstlicher Intelligenz erhoben und einbezogen werden können, könnten die Modelle des „Market for Lemons", und die Lösungskonzepte des *screening* und *signaling* als Methoden noch an Bedeutung gewinnen und durch neue Aspekte ergänzt werden.

Literaturverzeichnis:

Bücher:

Baumol, William J. & Blinder, Alan S., Economics: Principles and Policy, o.O., 1979[6]

Gibbons, Robert, Game Theory for Applied Economists, Princeton 1992

Holler, Manfred J. & Illing, Gerhard, Einführung in die Spieltheorie, Berlin 2006[6]

Wheelan, Charles, Naked Economics, Weinheim 2012 (englische Originalausgabe: 2010)

Mas-Colell, Andreu & Whinston, Michael D. & Green, Jerry R., Microeconomic Theory, Oxford und New York 1995

Wissenschaftliche Artikel:

Akerlof, George A., "The Market for "Lemons": Quality Uncertainty and the Market Mechanism.", in: The Quarterly Journal of Economics 84, no. 3, S. 488-500, 1970, www.jstor.org/stable/1879431 , zuletzt aufgerufen am 07.11.2020

John G. Riley, Silver Signals, Twenty-Five Years of Screening and Signaling, in: Journal of Economic Literature, 2001, Vol. 39, S. 432–478, http://oz.stern.nyu.edu/phd04/riley.pdf, zuletzt aufgerufen am 07.11.2020

Rothschild, Michael & Stiglitz, Joseph, Equilibrium in Competitive Insurance Markets: An Essay on the Economics of Imperfect Information, in: The Quarterly Journal of Economics, 1976, Vol. 90, Nr. 4, S. 629-649 https://uh.edu/~bsorense/Rothschild%26Stiglitz.pdf , zuletzt aufgerufen am 07.11.2020

Spence, Michael, Job market signaling, in: The Quarterly Journal of Economics, 1973, Vol. 87, Nr. 3, S. 355-374, https://msu.edu/~conlinmi/teaching/EC860/signallingscreening/SpenceQJE1973.pdf , zuletzt aufgerufen am 07.11.2020

Spence, Michael, Informational Aspects of Market Structure: An Introduction, in: The Quarterly Journal of Economics, 1976, Vol. 90, Nr. 4, S. 591-597 https://www.jstor.org/stable/1885323 , zuletzt aufgerufen am 07.11.2020

Internetquellen:

Möller, Michael, Wer war Christoph Kolumbus?: Christoph Kolumbus – der „Entdecker" Amerikas, https://www.usa-info.net/usa-wiki/wer-war-christoph-kolumbus/#zitate-von-christoph-kolumbus , vom 01.07.2020, zuletzt aufgerufen am 07.11.2020

Nobelprize paper, the Royal Swedish Academy of Sciences, Advanced information on the 2001 Bank of Sweden Prize in Economic Sciences in Memory of Alfred Nobel: Markets with Asymmetric Information, in: Nobel Media AB, https://www.nobelprize.org/uploads/2018/06/advanced-economicsciences2001-2.pdf vom 10.10.2001, zuletzt aufgerufen am 07.11.2020

Pöhler, Daniel & Düsterhöft, Arne, So unterscheiden sich Garantie und Gewährleistung, https://www.finanztip.de/garantie-gewaehrleistung/ , vom 07. Juni 2019, zuletzt aufgerufen am 07.11.2020

Robison, Emma, What Is A Lemon Car? A Look At The Legal Definition, https://lemonlawcar.com/what-is-lemon-car/ , vom 24.05.2019, zuletzt aufgerufen am 07.11.2020